Liebe Lesende und Vorlesende,

zum 200. Geburtstag von Johann Strauss Sohn haben über 900 Wiener Schülerinnen und Schüler die mitreißenden Melodien des berühmten Komponisten auf ihre eigene Weise neu interpretiert. Sie haben seine Werke mit frischen, kreativen Texten versehen und dadurch die Musik von Johann Strauss Sohn in die Gegenwart geholt.

Kinder und Jugendliche der Superar-Klassen der GTVS und GTMS am Bildungscampus Sonnwendviertel, der GTVS Wichtelgasse, der MS Herzgasse, der MS Josef-Enslein-Platz, der OVS Svetelskystraße 5 und der VBS Keplerplatz haben gemeinsam an diesem besonderen Projekt mitgewirkt.

In diesem Buch findest du diese Lieder und kannst über QR-Codes die dazugehörigen Aufnahmen anhören. Neben der Geschichte von Jo erwarten dich im Buch auch viele Anleitungen und Ideen, wie du die Welt der Musik selbst entdecken und erleben kannst.

Viel Spaß beim Ausprobieren und Eintauchen in die Musik!

Jo!

ALS DIE TRÄUME WALZER LERNTEN

Eine Geschichte inspiriert von Johann Strauss Sohn

FLO STAFFELMAYR • JULIA MEINX • DEVI SAHA

In einem charmanten alten Viertel von Wien, zwischen Donau und Donaukanal, lebt Jo. Sie hat leuchtende Augen und eine stürmische Frisur. Wenn sie alleine durch den Wald im nahegelegenen Prater nach Hause spaziert, summt sie oft Melodien, pfeift Vogelstimmen und hört, ob die Vögel ihr antworten. Manchmal versucht sie, schnell wie der Wind zu rennen, der hier so oft durch die Blätter rauscht. Die Klänge rundherum faszinieren sie. Sie hat begonnen, sie zu sammeln und aufzunehmen.

Einen mächtigen, alten Baum am Rand des Weges, dessen stark zerfurchte Rinde aussieht, als hätte er ein Gesicht, fragt sie einmal: „Kannst du reden?"

Zu Hause hört Jo stundenlang Musik und überlegt sich, wie es wohl wäre, berühmt zu sein. Was sie machen würde, wenn sie die Zeit anhalten oder zaubern könnte, oder wie es wäre, auf den Zuckerwattewolken spazieren zu gehen.

JO LIEBT MUSIK.

DER BAUM

Nach dem Original „Romanze No. II"

MUSIK: Johann Strauss Sohn
TEXT: VS Svetelskystraße

Nimm mit dem Handy verschiedene Geräusche wie das RASCHELN VON BLÄTTERN, DAS KNIRSCHEN VON KIES UND ANDERE KLÄNGE auf, die du finden kannst. Spiele die Aufnahmen jemand anderem vor und lass die Person raten, was es ist.

In der Schule singt Jo im Schulchor. Eines Nachmittags geht sie gedankenverloren nach Hause und versucht, Schritte im Takt der Melodie zu machen, die sie gerade in der Schule neu gelernt hat.

Sie sieht ihren Füßen dabei zu, wie sie einfach gehen und gehen. Als sie den Kopf wieder hebt und sich umblickt, steht sie auf einmal in einer Gegend, die sie gar nicht zu kennen scheint.

Sie schaut in alle Richtungen, ihr Herz beginnt zu rasen.

WO BIN ICH?, fragt sie sich.

Sie bleibt stehen und dreht sich hektisch im Kreis. Dann beginnt sie zu rennen, dorthin zurück, von wo sie gekommen ist. Sie biegt links ab, dann wieder rechts, überquert die Straße, geradeaus und immer weiter.

Plötzlich bleibt sie stehen, denn sie hört einen feinen Klang in der Ferne. Ja, natürlich! Das ist der Geigenspieler, der oft im Durchgang auf ihrem Heimweg steht und musiziert. Sie folgt der Melodie und kommt ihr näher. Voller Erleichterung läuft sie bis zu dem Musiker, hört ihm zu und wirft eine Münze in den Geigenkoffer.

MUSIK WECKT ERINNERUNGEN IN UNS!

Zu Hause erzählt Jo aufgeregt ihrem Vater, was passiert ist, und summt ihm das Lied vor, das der Straßenmusikant gespielt hat. „Kennst du die Melodie?"

„Ja! Das ist ein bekanntes Stück von Johann Strauss. Er war ziemlich berühmt, fast so wie die Stars heute. Überall wurden seine Lieder gespielt. Die Leute waren einfach verrückt danach, zu seiner Musik zu tanzen und auf große, prunkvolle Bälle zu gehen."

„Wenn ich Geige spielen könnte, würde ich auch diese Melodie spielen! Papa, das wäre so cool!"

Ihr Vater streicht ihr sanft über den Kopf.
„Das kann ich mir gut vorstellen."

DER STRASSENMUSIKANT

Nach dem Original „Rosen aus dem Süden"

MUSIK: Johann Strauss Sohn

TEXT: MS Herzgasse, MS Josef-Enslein-Platz

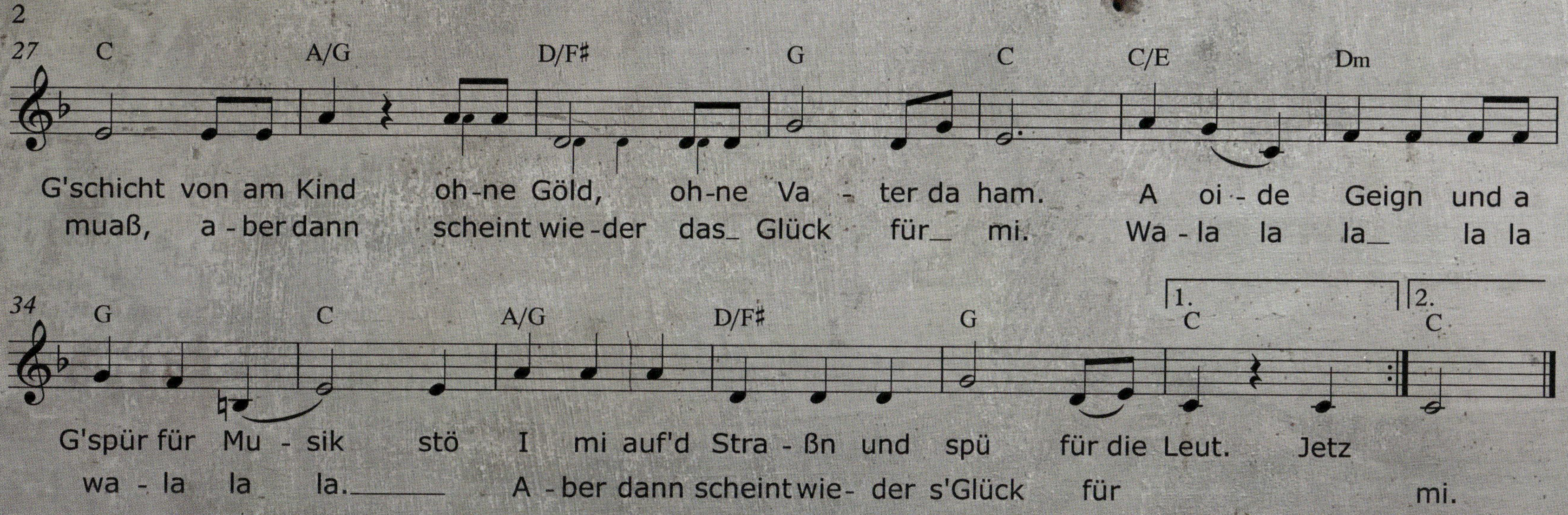

SCANNE DEN QR-CODE, um dir das Lied anzuhören. Versuche, im Takt zu gehen, viele kleine schnelle Schritte oder lange große Schritte zu machen. Vielleicht fängst du zu schwingen an, das Lied ist nämlich im Walzertakt – im Dreivierteltakt – geschrieben.

Ein paar Tage später kommt ihr Vater tatsächlich mit einer Geige nach Hause. Jo kann es kaum fassen. Voller Freude und besonders vorsichtig nimmt sie das Instrument in die Hand. Als sie zum ersten Mal eine Saite mit dem Bogen streicht, merkt sie gleich, dass das gar nicht so einfach ist wie gedacht. Eifrig probiert sie weiter und stellt sich wie der Straßenmusikant in Pose. Ihr Vater schmunzelt und verspricht ihr, sich auch um Geigenunterricht für sie zu kümmern. So lernt Jo nun Geige spielen.

Immer wenn sie eine neue Melodie gelernt hat, spielt sie vor ihren Geschwistern, die sich dann manchmal verkleiden und feine Damen und Herren in einem Ballsaal spielen. Jo hat ihnen erzählt, dass Partys früher so gefeiert wurden und Musik nicht einfach aus einem Lautsprecher kam, weil es das damals noch nicht gegeben hat.

Seitdem sie beschlossen hat, das Geigenspiel zu lernen, macht Jo auch in der Schule im Musikunterricht begeistert mit. Eines Tages spielt ihre Musiklehrerin der Klasse ein Lied am Klavier vor. Jo springt sogleich auf und ruft: „Das ist von Johann Strauss!“ Denn auch diese Melodie kennt sie von dem Straßenmusikanten.

„Ja, Jo“, antwortet ihre Lehrerin erfreut. „Wir werden zu dieser Melodie nun selbst einen Text schreiben. HÖRT MAL AUF DEN RHYTHMUS!“

„Für mich klingt es wie Zirkusmusik!“

„Oder Musik zu einem Film aus alten Zeiten!“

„Es klingt wie ein Platz, auf dem alle durcheinanderreden!“

„So: Aus dem Weg! Ich komm zu spät! Ausverkauf! Was darf es sein?“

„Ja, es klingt wie das hektische Treiben in der Früh!“

BUNTES TREIBEN

Nach dem Original „Perpetuum Mobile"

MUSIK: Johann Strauss Sohn

TEXT: VS Keplerplatz

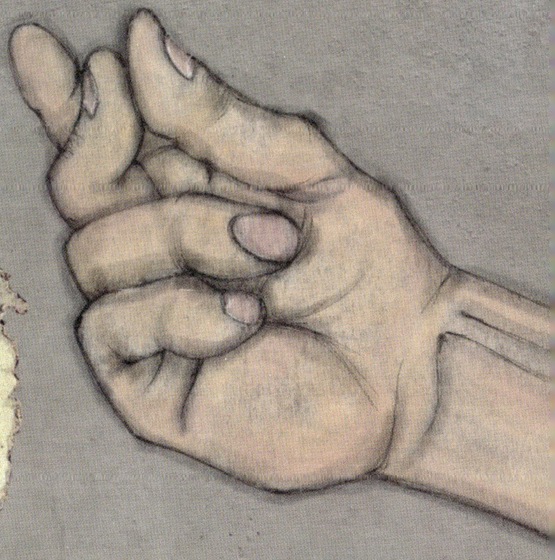

SCHLIEẞE DEINE AUGEN UND HÖRE DER MUSIK ZU, nachdem du den QR-Code gescannt hast. Kannst du dir den Platz mit seinem bunten Treiben vorstellen? Welchen Satz würdest du singen, wenn du auf dem Platz unterwegs bist? Probiere doch gleich aus, deinen eigenen Satz dazu zu singen.

Eines Nachmittags probiert Jo, alleine zu Hause einen Song aus dem Radio nachzuspielen. Sie fängt immer wieder von vorne an, weil sie die richtigen Töne nicht finden kann. Da klopft es an der Wohnungstür. Es will sich sicher jemand über meine Musik beschweren, denkt sie gleich und schaut heimlich durch das Guckloch in der Tür. Es ist die ältere Dame von nebenan, die für ihre strenge Art bekannt ist. Sie überlegt erst, gar nicht zu antworten, aber die Dame wird das Geigenspiel bestimmt gehört haben und weiß, dass jemand zu Hause ist.

JO ÖFFNET
VORSICHTIG DIE TÜR.

Zu ihrer Überraschung lächelt die Nachbarin sie freundlich an. „Guten Tag. Ich höre dich Geige spielen, das bist doch du, oder? Das hat mich an jemanden erinnert."

Jo wird neugierig. „An wen denn?"

„An meinen verstorbenen Mann. Er hat die Musik von Johann Strauss geliebt. Genauer gesagt, die von Johann Strauss Sohn", antwortet die Nachbarin und hält ein Bündel alter, vergilbter Partituren in die Luft. „Diese Noten gehören zu einigen seiner schönsten Werke. Viele Musiker verwenden alte Melodien und schreiben daraus neue Lieder. Ich dachte, sie könnten dir gefallen. Wenn du magst, erzähle ich dir die Geschichte von dem Komponisten."

PUBLIC LIBRARY

nach dem Original „Flotter Geist"

MUSIK: Johann Strauss Sohn
TEXT: MS Herzgasse, MS Josef-Enslein-Platz

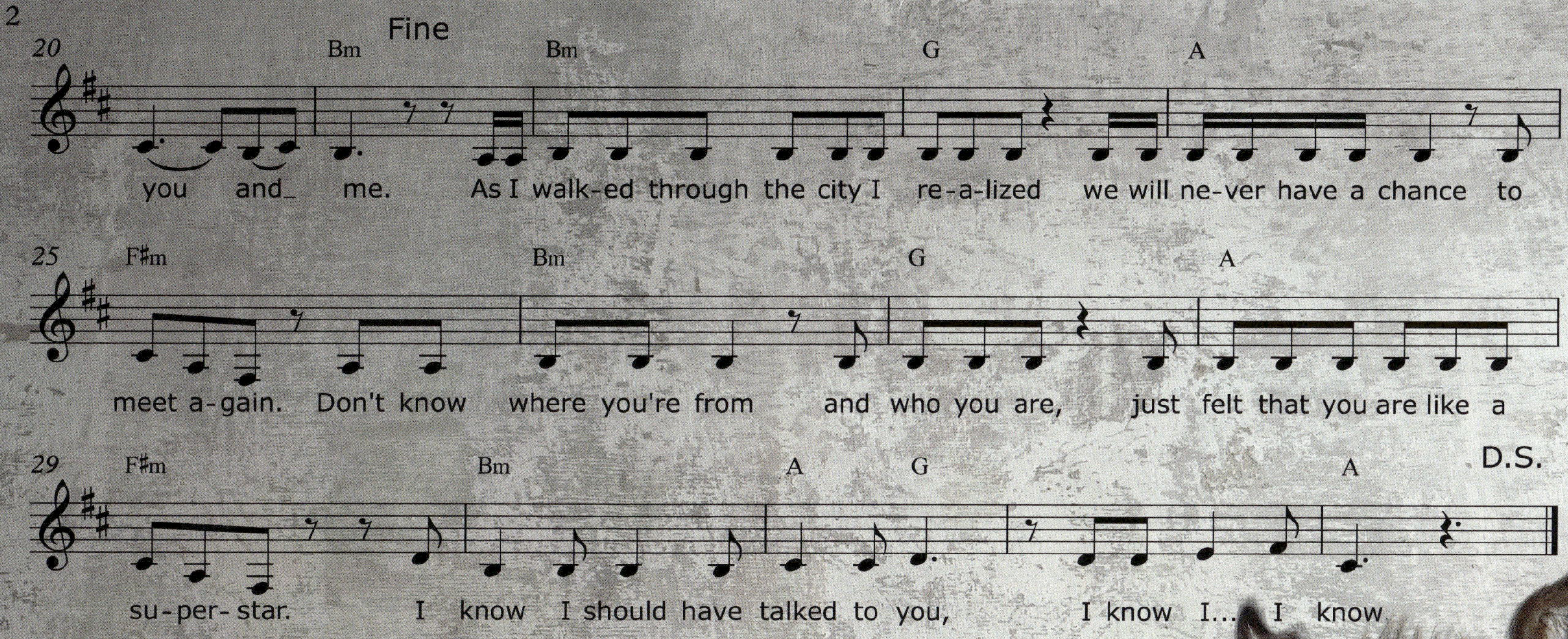

Zu dem Lied, das du dir anhören kannst,
passt auch ein Rhythmus mit Bodypercussion.
Das ist so, als wäre dein Körper ein Schlagzeug.

Probiere mal:
STAMPF – KLATSCH – STAMPF – STAMPF – KLATSCH!

Du kannst natürlich auch etwas Eigenes erfinden.

Der kleine Johann war fasziniert von der Musik und wollte auch unbedingt Musiker werden. Doch sein Vater war dagegen. Er wollte, dass sein Sohn einen, wie er es nannte, guten Beruf lernt. So hat er nur im Geheimen Geigenunterricht nehmen dürfen.

Er wurde Johann Strauss genannt, genauso wie sein Vater, der auch Musiker war. Um sie auseinanderzuhalten, hat man später den einen Johann Strauss Vater und den anderen Johann Strauss Sohn genannt.

Als er alt genug war, hatte er seine ersten Auftritte bei Tanzveranstaltungen. Damals gab es dort nur Livemusik.

Er wurde ein berühmter Komponist und Dirigent! Man nannte ihn ‚Walzerkönig', weil die Menschen es geliebt haben, zu seiner Musik zu tanzen.

Er war ein Star seiner Zeit, der die Menschen begeisterte. Obwohl er gar nicht so gerne reiste, hat er Konzerte auf der ganzen Welt gegeben.

Seine Musik bringt bis heute Menschen zum Tanzen und Träumen. Im Stadtpark in Wien steht ein goldenes Denkmal zu seinen Ehren.

WART'S AB

Nach dem Original „Tritsch-Tratsch-Polka"

MUSIK: Johann Strauss Sohn
TEXT: GTVS Sonnwendviertel

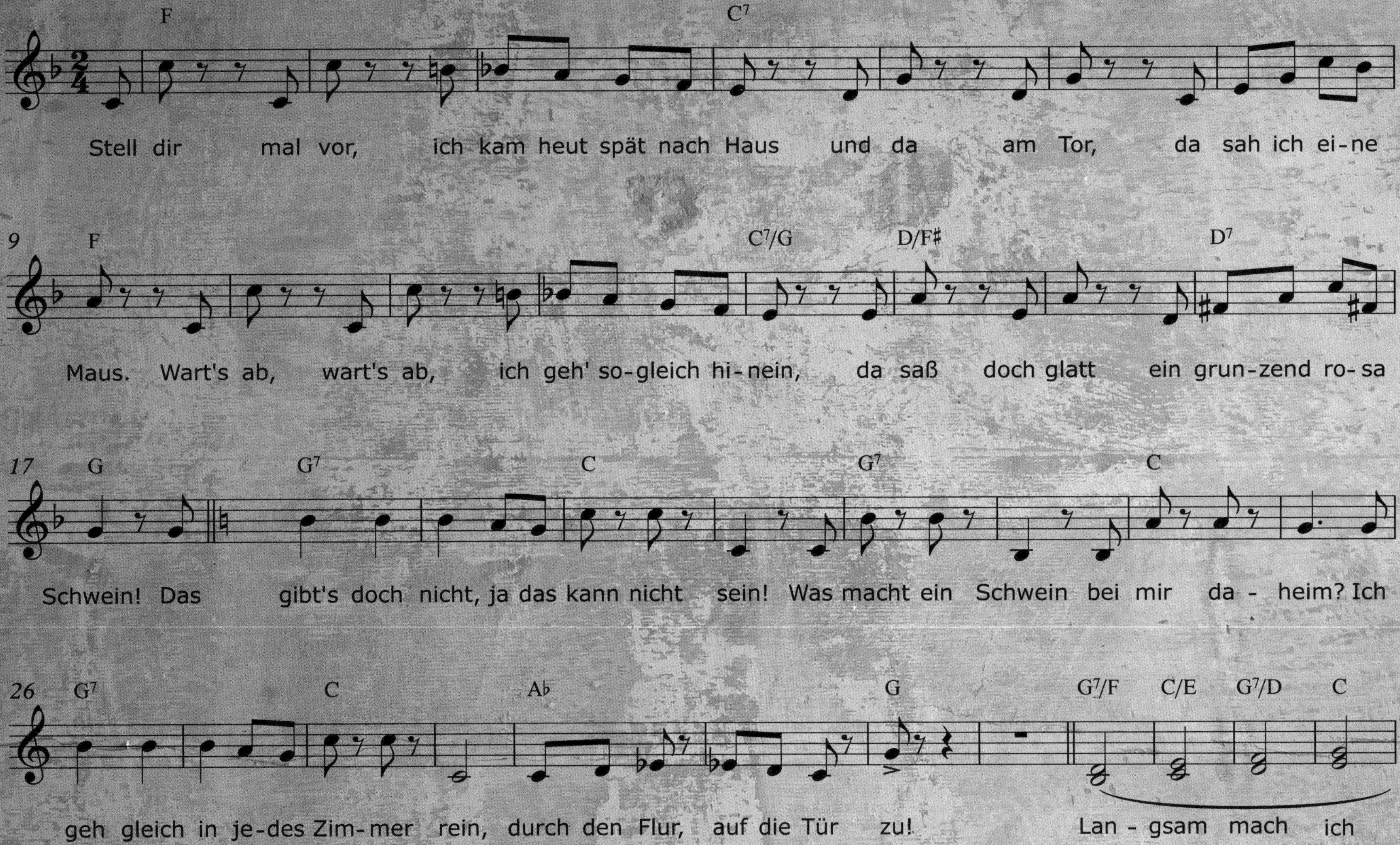

WART'S AB, WART'S AB,
ICH GEH SOGLEICH HINEIN.

DA SAß DOCH GLATT
EIN GRUNZEND ROSA SCHWEIN.

Die erste Zeile hat jeweils 4 Silben und die zweite 6 Silben. Bilde lustige Sätze mit der gleichen Silbenanzahl und versuche, sie laut im Rhythmus zu sprechen.

„SCHAU, DAS IST GAR NICHT SO SCHWER“, spricht die Dame von nebenan weiter. „Versuch mal, einen Text dazu zu sprechen, dann hast du den Rhythmus ganz schnell verstanden. Zum Beispiel: Da saß doch glatt ein grunzend rosa Schwein.“

Sogleich wiederholt Jo den Text im Rhythmus und dirigiert einen unsichtbaren Chor dazu. Sie merkt gar nicht, wie ihre Nachbarin langsam durch den Gang zurück zu ihrer Wohnung geht.

Inspiriert durch die Geschichte blättert Jo in den alten Noten und versucht, die einzelnen Stimmen der Partituren zu spielen. Sie fragt sich, wie das wohl klingen mag, wenn andere Instrumente die vielen Stimmen zusammen spielen.

„Okay, ich habe jetzt Geige spielen gelernt und ich glaube, ich bin gar nicht so schlecht“, sagt sie zu sich selbst.

Sie träumt davon, mit einem großen Orchester, mit vielen anderen Menschen gemeinsam zu musizieren. Dann kommt ihr die Idee, es in dem Opernhaus zu versuchen, in dem sie mit ihrer Schule war. Sie weiß auch, wie sie dahin kommt, mit der Straßenbahn ist sie schon öfters daran vorbeigefahren. Ohne lange darüber nachzudenken, beschließt sie, am nächsten Tag dorthin zu gehen.

SUPERMARIE
Jahreskonzert
im Wiener
Konzerthaus
Großer Saal
13.3.2023
SUPERHENRI
SUPERAR
FEDERAL MUSIC PROJECT
presents
THE COMIC OPERA
"DIE FLEDERMAUS"
MARCH 8th 10th 11th
JAMES K. GUTHRIE
SAN BERNARDINO
HIGH SCHOOL
AUDITORIUM
ALL SEATS
40¢ and 25¢
WORKS PROGRESS ADMINISTRATION

WOLKEN AUS ZUCKERWATTE

Nach dem Original „Persischer Marsch"

MUSIK: Johann Strauss Sohn
TEXT: GTVS Sonnwendviertel

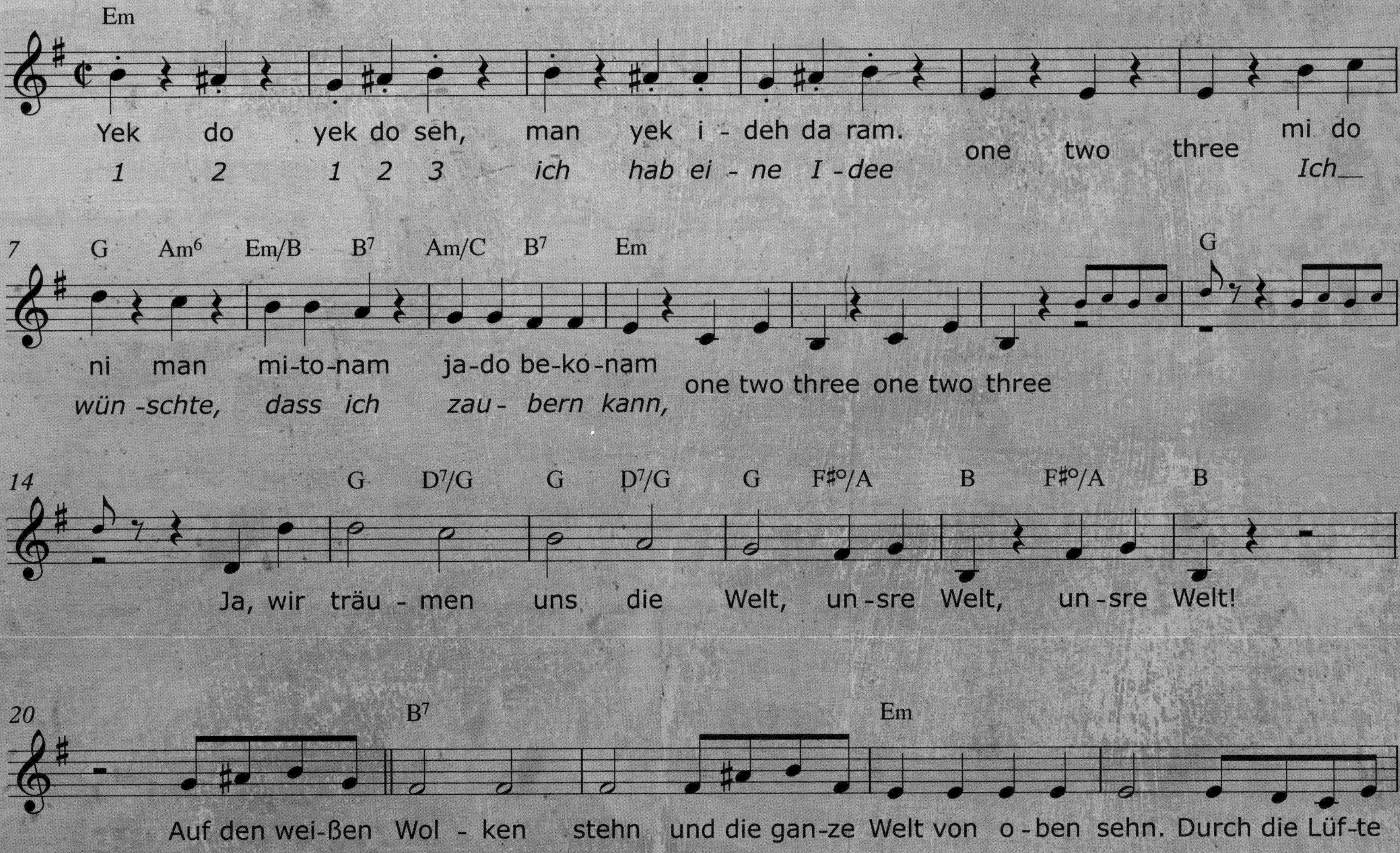

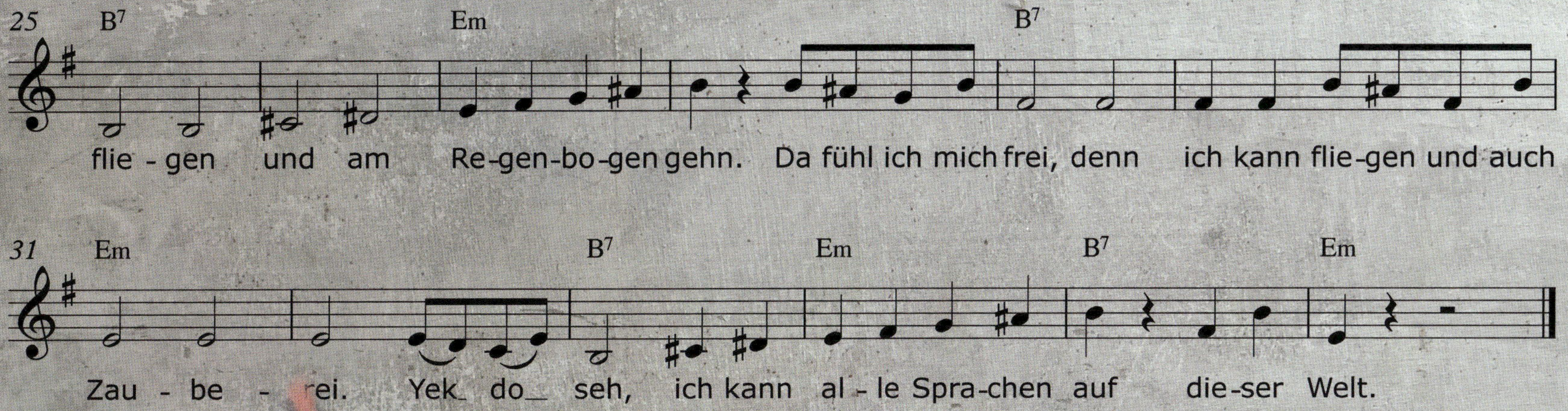

Jetzt kannst du schon **SELBST EINE KLEINE MELODIE ERFINDEN,** mache dazu einen Text über deine Träume, was du gerne mal erleben möchtest!

Einen Tag darauf fährt Jo nach der Schule wie geplant zur Wiener Staatsoper. Ehrfürchtig steht sie vor dem riesigen Gebäude. Sie schlüpft inmitten einer großen Gruppe Touristen durch die schweren Türen ins Innere. Es tummeln sich Menschen um sie herum, fotografieren, sprechen in verschiedensten Sprachen und staunen genauso wie Jo über die hohe Halle, die Treppen und Säulen. Doch weiter als bis in die Eingangshalle kommt sie nicht. Um wirklich hinein zu dürfen, bräuchte sie eine Eintrittskarte, um an einer der Führungen teilzunehmen. Und Musiker oder Musikerinnen kann sie auch nirgends sehen. Enttäuscht geht sie wieder hinaus.

Mit Tränen in den Augen steht sie vor dem prachtvollen Gebäude. Der Verkehr ist laut, Menschen gehen an ihr vorbei, und Jo versucht mit gesenktem Kopf, sich nichts anmerken zu lassen. In all dem Getümmel hört sie wieder eine Melodie. Sie scheint aus der Fußgängerzone gleich neben der Oper zu kommen. Sie stürmt in die Richtung und erkennt den ihr bekannten Straßenmusikanten. Auch er erinnert sich an sie und sieht die getrockneten Tränen in ihrem Gesicht. Um sie zu trösten, sagt er zu ihr:

„ICH GLAUBE, ICH KENNE EIN REZEPT GEGEN TRAURIGKEIT.

Magst du mit mir gemeinsam ein Lied spielen? Was kannst du denn schon auf der Geige?"

Jo fasst all ihren Mut zusammen und schlägt ein Stück von Strauss vor. Sie braucht ihre Noten gar nicht, da sie diese jetzt schon auswendig, also ohne aufs Notenblatt zu schauen, auf der Geige spielen kann.

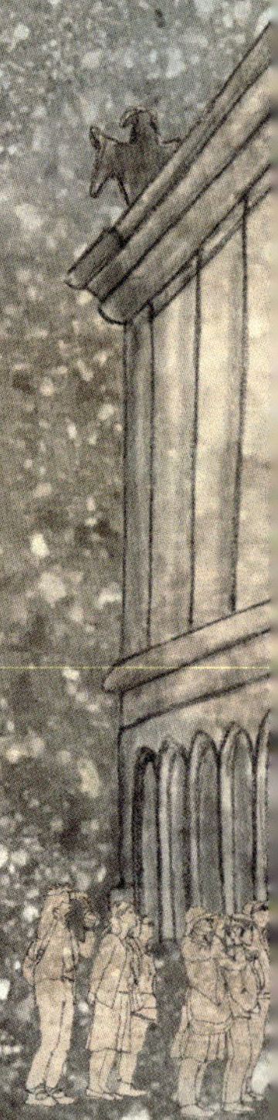

REZEPT GEGEN TRAURIGKEIT

Nach dem Original „Un ballo in maschera"

MUSIK: Johann Strauss Sohn
TEXT: VS Svetelskystraße

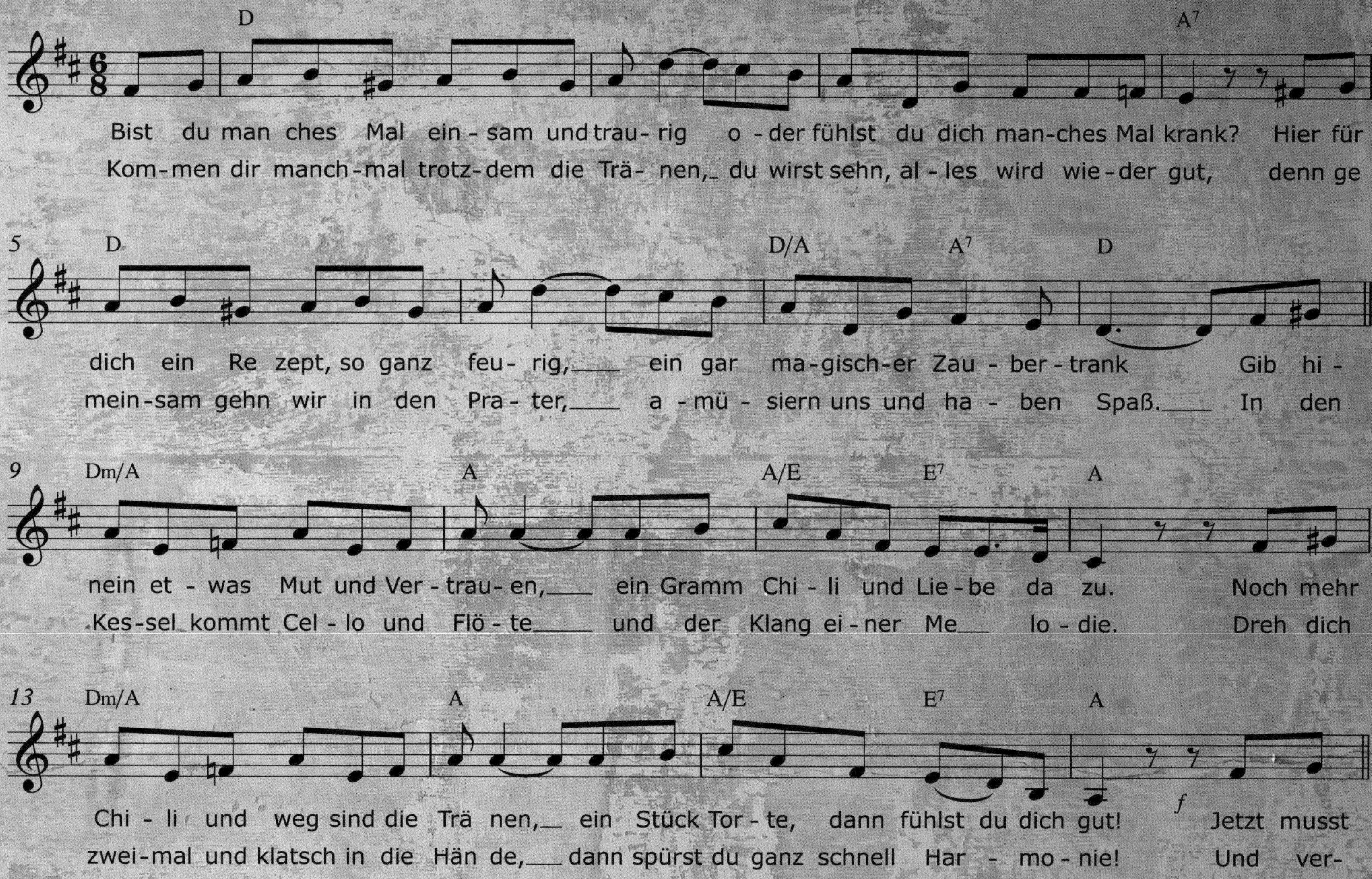

Für diese Übung brauchst du ein paar Kochtöpfe in verschiedenen Größen und einen Kochlöffel aus Holz. Bau sie vor dir auf und **KLOPFE BEHUTSAM** mit dem Kochlöffel im Takt.

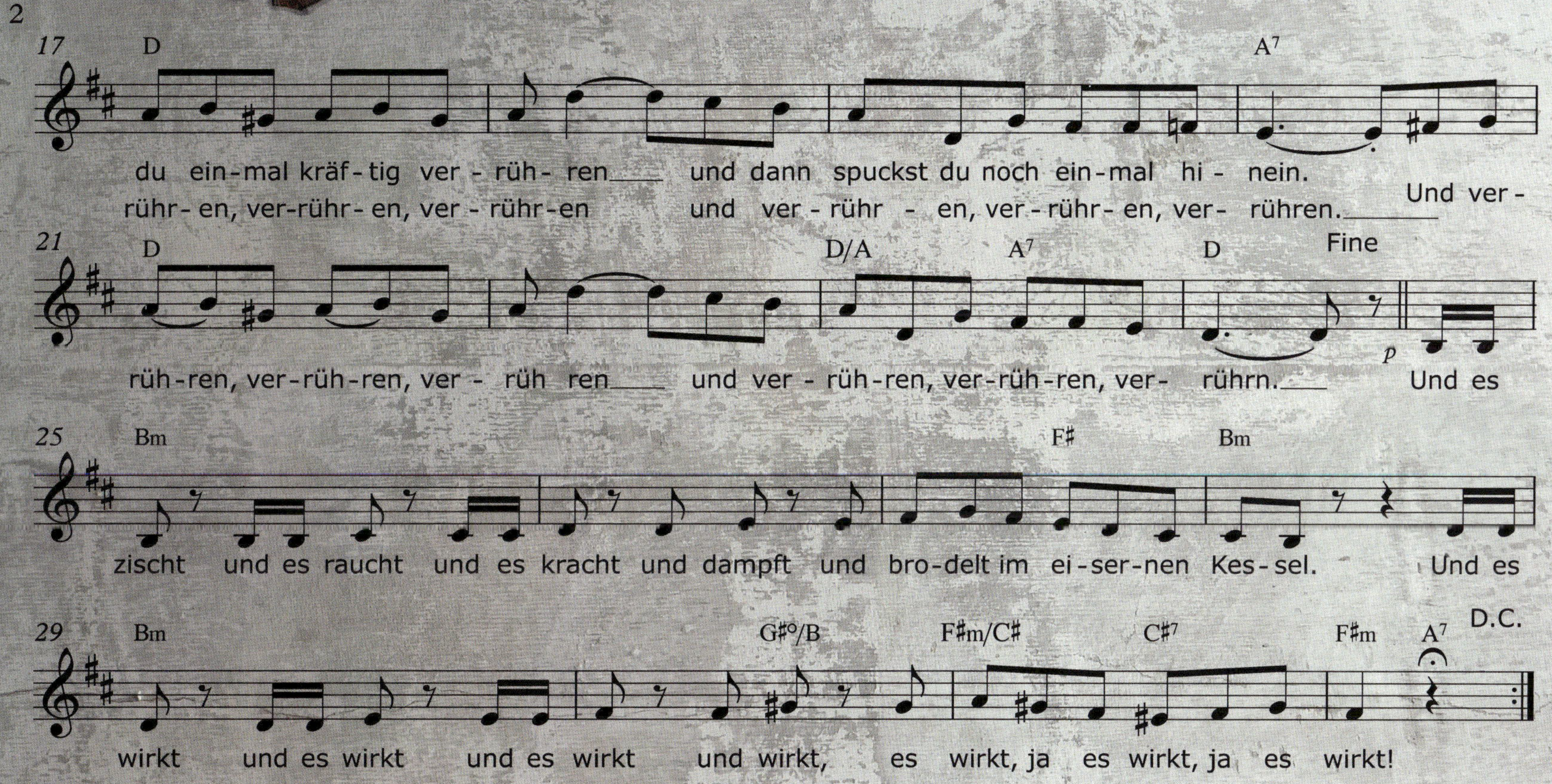

Jo beginnt zu spielen und der Straßenmusiker setzt mit ein. Es bleiben Menschen stehen, hören zu und machen Fotos von ihnen. Jos Wangen beginnen zu glühen und sie spielt weiter und immer weiter. Sie sieht aus den Augenwinkeln, dass immer mehr Menschen stehen bleiben. Das macht ihr nur noch mehr Freude, sodass sie immer schneller und schneller spielt. Einige Passanten werfen ihr anerkennend Geld in den Geigenkoffer. Nach dem letzten Ton applaudiert das Publikum. **VOLLER STOLZ VERBEUGT SIE SICH,** wie sie es bei einem Konzert gesehen hat.

Zu guter Letzt fragt der Straßenmusiker sie noch, ob sie mit ihm und seinem Orchester bei einem Maskenball auftreten möchte.

Jo ist überwältigt von dem Angebot. Darf sie tatsächlich das erste Mal vor einer tanzenden Menge spielen? Natürlich müssen sie vorher noch proben, aber sein Vorschlag scheint ernst gemeint zu sein.

Überglücklich macht sie sich auf den Heimweg. Sie hat zwar nicht in der Oper und auch nicht mit einem Orchester gespielt, aber sie hat gemeinsam mit dem Straßenmusiker vor Publikum musiziert. Einfach so. Und sie hat sogar eine Einladung zu ihrem ersten großen Auftritt bekommen. Sie kann es kaum erwarten, ihrem Vater davon zu erzählen und ihn um Erlaubnis zu fragen. Doch dieser begrüßt sie mit ernster Miene, da er sich Sorgen um Jo gemacht hat. „Du hast mir keine Nachricht hinterlassen!“

Sie fühlt sich zwar etwas schlecht deswegen, erzählt dann aber die ganze Geschichte – und von der großen Freude, die sie beim Musizieren hatte.

Diese Nacht träumt sie von einem dunklen Wald. Auf einer Lichtung erkennt sie eine alte, Klavier spielende Frau mit struppigem Haar, die finster dreinschaut. Als Jo wieder aufwacht, wird ihr bewusst, dass sie wohl doch ein wenig Angst vor ihrem Auftritt hat.

DER DÜSTERE TON

Nach dem Original „Pesther Czárdás"

MUSIK: Johann Strauss Sohn
TEXT: VS Keplerplatz

TANZE ZUR MUSIK DURCH DEN RAUM. Wiederhole das und versuche dabei, dich wie ein gruseliger Geist, wie eine alte Frau oder ein trauriges Kind zu bewegen.

Dann ist der Tag da. Aufgeregt steht Jo in einem prachtvollen Ballsaal eines Wiener Palais. Es sind viele Menschen gekommen und alle tragen elegante Masken, die das Gesicht verdecken. Sie haben lange Abendkleider an oder schwarz-weiße Anzüge, hohe Frisuren und polierte Schuhe. Alles sieht sehr feierlich aus und ein Duft nach Parfum liegt in der Luft. In der Menge kann sie ihren Papa erkennen, der gemeinsam mit der Nachbarin zu Jos erstem großen Auftritt gekommen ist.

Dann betritt Jo die Bühne, man merkt ihr die Aufregung nicht an. Sie verbeugt sich und klemmt die Geige unters Kinn. Auf das Zeichen der Dirigentin wird die geprobte Quadrille gespielt. Vier lange Reihen tanzender Menschen bewegen sich im Rhythmus. Sie bilden mit ihren Schritten und Drehungen eine wunderbar schwebende Choreografie im Raum.

JOS TRAUM IST
WAHR GEWORDEN.

ALLE TANZEN

Nach dem Original „Fledermaus-Quadrille"

MUSIK: Johann Strauss Sohn
TEXT: MS Josef-Enslein-Platz

AUF DER ALLERERSTEN SEITE FINDEST DU EINEN QR-CODE, der dich zu einer Aufnahme einer Melodie führt, die auf mit Wasser gefüllten Flaschen gespielt wurde. Hole dir mindestens drei leere Glasflaschen und fülle sie mit Wasser: eine ganz wenig, eine halb voll und eine fast voll. Spiele sie nun, indem du behutsam mit einem Kochlöffel daran klopfst.

DIESES BUCH IST EIN SPIEGEL DES KÜNSTLERISCHEN POTENZIALS DER JUNGEN BEVÖLKERUNG WIENS UND TRÄGT DAZU BEI, DIE ZEITLOSEN MELODIEN VON JOHANN STRAUSS ÜBER DAS FESTJAHR 2025 HINAUS LEBENDIG ZU ERHALTEN.

GANZ IM SINNE DES SUPERAR-MOTTOS „HEAR ME OUT" GEHT ES DARUM, KINDER ZU ERMUTIGEN, IHRE STIMMEN ZU ERHEBEN, UND UNS ERWACHSENE, IHNEN ZUZUHÖREN:

IHREN TRÄUMEN, ÄNGSTEN UND IDEEN.

DIE ZUSAMMENARBEIT ZWISCHEN JOHANN STRAUSS 2025 WIEN UND SUPERAR offenbart, wie sich das kulturelle Erbe Österreichs durch neue Ideen lebendig weiterentwickeln kann: Kindern kulturelle Teilhabe und kreative Mitgestaltung zu ermöglichen, damit ihre Träume Wirklichkeit werden – als Brücke zwischen Tradition und Zukunft.

2009 BEGANN IM HERZEN DER MUSIKSTADT WIEN EINE AUßERGEWÖHNLICHE REISE: die Geburtsstunde von Superar. Das Wiener Konzerthaus, die Wiener Sängerknaben und die Caritas der Erzdiözese Wien vereinten ihre Kräfte, um durch Chorgesang Kinder in Wiener Volksschulen zu fördern. Heute ist Superar eine feste Größe in der Bildungs- und Kulturlandschaft Europas – mehr als 4.500 Kinder in sieben Ländern nehmen an den Orchester-, Chor- und Musicalprogrammen teil.

SUPERAR LEBT EINE KLARE VISION: Kindern und Jugendlichen die Freude und Kraft des Musizierens zu eröffnen und ihnen eine Bühne zu bieten, auf der sie ihre Kreativität frei entfalten können. Alle Programme sind kostenfrei, um jedem Kind Zugang zur Musik zu ermöglichen und seine persönliche Entwicklung zu fördern. Heute ist Superar an 28 Standorten in ganz Europa aktiv und nutzt Musik als universelle Sprache, um Chancengleichheit und Gemeinschaft zu stärken.

DIE MUSIK VON JOHANN STRAUSS SOHN begeistert bis heute Menschen rund um den Globus. Anlässlich seines 200. Geburtstags zeigt das Festjahr Johann Strauss 2025 Wien einen ganzjährigen Veranstaltungsreigen. Mit über 65 Produktionen für alle Altersgruppen in allen 23 Bezirken wird die Vielfalt und kulturelle Lebendigkeit Wiens gefeiert. So lässt Johann Strauss 2025 Wien die ganze Stadt im Dreiviertel-Takt schlagen. Die Melodien von Johann Strauss Sohn – seine Walzer, Polkas und Mazurkas – bieten einen idealen Rahmen, um Kinder zu begeistern und ihre Fantasie zu beflügeln.

IMPRESSUM

1. Auflage

Kraygasse 82, 1220 Wien
office@wortweit-verlag.at
www.wortweit-verlag.at

ILLUSTRATIONEN: Devi Saha
TEXT: Flo Staffelmayr und Julia Meinx
ÜBERSETZUNG: Barbara Meinx
LEKTORAT: Lotte Husung

LIEDTEXTE ZU BEARBEITETEN MELODIEN
VON JOHANN STRAUSS SOHN:
Kinder und Jugendliche von Superar

SATZ: Anna Stroh, Typejockeys
DRUCK: Druckerei Berger
PRINTED IN AUSTRIA

wortweit

SUPERAR

Johann
Strauss
2025
Wien

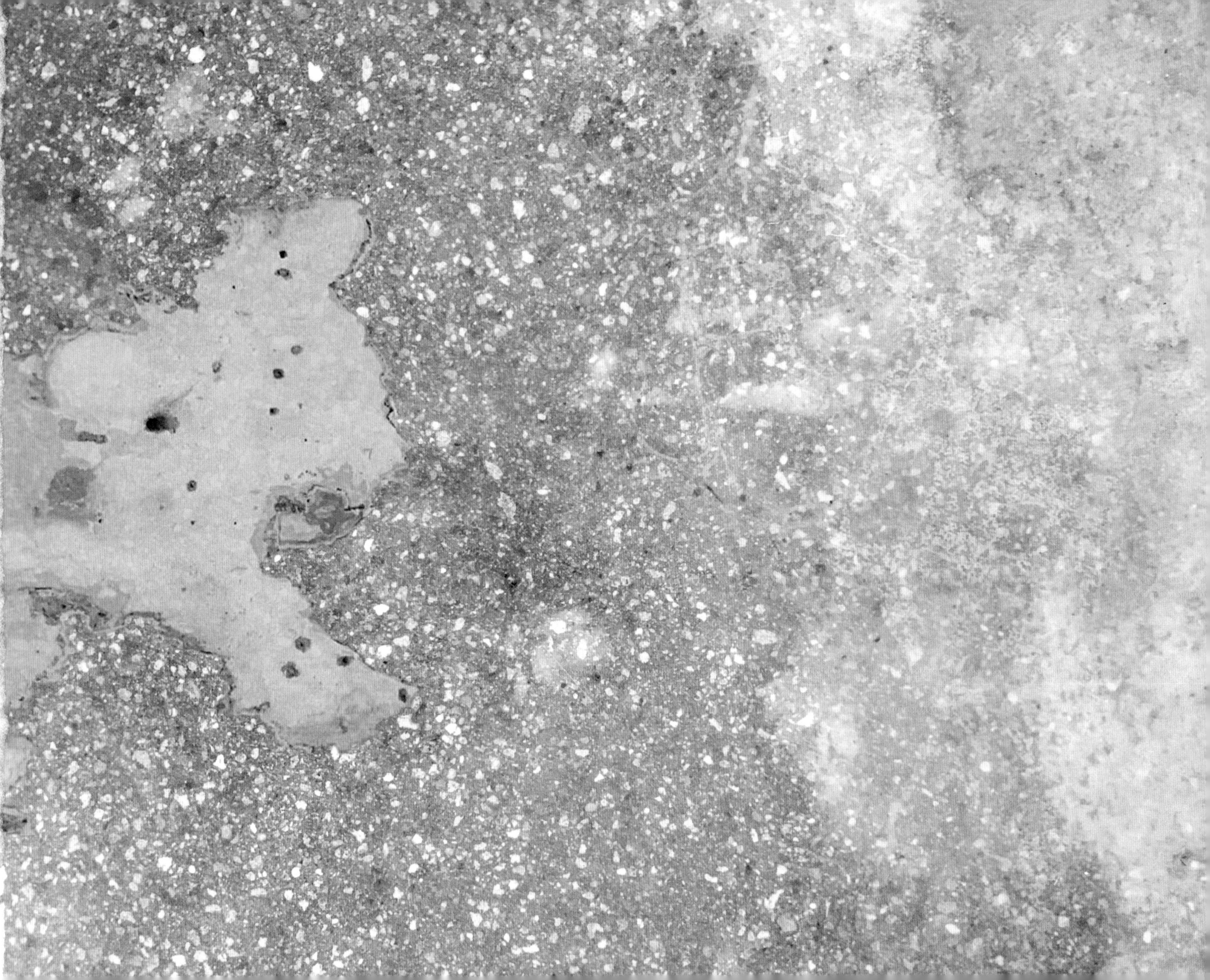